Start-Up

Une culture de l'innovation

Hervé Lebret

Start-Up
Une culture de l'innovation

Il y a presque 10 ans, j'ai écrit un livre intitulé *Start-up, ce que nous pouvons encore apprendre de la Silicon Valley.* Si je devais faire une seconde édition, je ne crois pas que je changerais grand-chose malgré toutes les imperfections et maladresses de l'exercice. Pourtant, un matin du mois de février 2016, j'ai eu envie de faire un bilan de dix ans d'action dans le soutien aux créateurs de start-up et d'envoyer d'anciens et de nouveaux messages à ceux que le monde de l'innovation et de l'entrepreneuriat high-tech intrigue ou intéresse.

De multiples paradoxes

Il y a de nombreuses manières d'innover (i.e. de créer de nouveaux produits et services) et je préviens tout de suite le lecteur réticent qu'il ne sera pas forcément heureux de lire des idées déstabilisantes. Je sais aussi d'expérience que contrairement à la science où la relation de cause à effet est une évidence, dans les activités humaines, une même action répétée plusieurs fois n'aura pas toujours les mêmes conséquences. Question de lieu et de temps…

En 1957, la Silicon Valley fut créée par huit traîtres. Ils quittèrent un manager insupportable, pourtant prix Nobel de physique, pour fonder à leur corps défendant ce qui allait devenir la véritable première start-up, Fairchild. L'histoire est assez bien connue pour que je ne la raconte pas ici[1]. Une anecdote moins connue, peut-être une légende, décrit la culture de l'innovation qui s'est alors mise en place au fil des années : « durant les années 70 et 80, un grand nombre des meilleurs ingénieurs de Fairchild, National et d'autres sociétés se réunissaient au Wagon Wheel Bar pour boire une bière et parler des problèmes auxquels ils étaient confrontés dans la fabrication et la vente de semi-conducteurs. C'était un important lieu de rencontre où même les plus féroces concurrents se rassemblaient et échangeaient des idées. »

Aujourd'hui encore, si vous rendez visite à des collègues chez Google ou dans la grande majorité des start-up de cette région, vous redécouvrirez en permanence ce mélange paradoxal de compétition féroce et de collaboration.

« Vous ne pouvez pas comprendre Google, » a déclaré Marissa Mayer[2], « sauf si vous savez que Larry et Sergey sont des enfants Montessori. C'est vraiment ancré dans leur personnalité. Poser toujours des questions, faire ce qui leur plaît. Manquer de respect à l'autorité. Faire quelque chose, parce que c'est logique, non pas parce qu'une autorité quelconque vous l'a dit. À l'école Montessori, vous allez peindre parce que vous avez quelque chose à exprimer ou que vous voulez le faire cet après-midi-là, non pas parce que l'enseignant le dit. Ceci est vraiment inscrit dans la façon dont Larry et Sergey approchent les problèmes. Ils demandent toujours 'Pourquoi cela devrait être comme ça ?' C'est la façon dont leur cerveau a été programmé dès le début. »

L'expérience est secondaire dans l'entrepreneuriat. Elle est importante, mais elle est secondaire. La qualité essentielle est la volonté de prendre son destin en main. Agir, essayer, explorer, et oui, prendre des risques. S'il vous plaît, parents, professeurs, comprenez cela et soyez généreux avec votre progéniture. Faites leur confiance. Et s'ils échouent, ils auront probablement plus appris qu'en écoutant les conseils avisés. C'est aussi la raison pour laquelle je défends malgré la statistique qui donne une moyenne d'âge de 39 ans aux créateurs de start-up, l'argument que la jeunesse est un atout considérable pour innover. L'insouciance, l'inconscience parfois, permettent d'explorer plus facilement des territoires inconnus.

Faites confiance et soyez généreux

Bien sûr la confiance doit aussi être appliquée par l'entrepreneur à tous les niveaux de sa start-up. Arnaud Bertrand[3] explique : « si votre entreprise a une quelconque ambition, la seule façon de gérer vos équipes est de leur accorder beaucoup de liberté et d'autonomie (tout en les rendant bien sûr responsables du résultat de leur travail). L'idée est de répartir les tâches de manière à ce que chacun soit individuellement en charge de tous les aspects de sa propre unité et responsable du bénéfice (ou de toute autre mesure) qu'il est censé atteindre. » Pas de bureaucratie, peu de hiérarchie dans une start-up.

Qu'est-ce qu'une start-up ?

Tous ces paradoxes viennent sans doute du fait qu'une start-up n'a rien à voir avec une entreprise traditionnelle. En voici la meilleure définition que je connaisse, donnée par Steve Blank : « les start-up sont des entités temporaires destinées à valider un modèle d'affaires extensible et reproductible » et j'ajoute dans un marché souvent en forte croissance, sinon émergent et prometteur. Il est donc aussi question de croissance rapide car pour ces marchés, la concurrence est rude et les gagnants, disons les survivants, peu nombreux.

Être entrepreneur dans la high-tech c'est avant tout un état d'esprit : vous êtes curieux, aventureux, dans un monde incertain, en essayant d'apporter de nouvelles choses à ce monde, voire de le changer. Être entrepreneur, ce n'est pas être un gestionnaire, et s'il y a peut-être une science du management, personne n'a la recette de l'entrepreneuriat.

« Ces dix dernières années, nous avons cru bâtir une méthodologie répétable au point de croire à une 'science', que quiconque pourrait appliquer. Je commence à entrevoir mon erreur. Ce n'est pas que la méthode soit fausse, mais tout le monde ne peut également en tirer le meilleur parti. De la même manière que le traitement de texte, excellent outil par ailleurs, n'a jamais fait l'écrivain, un processus d'innovation bien pensé ne garantira pas le succès. Il permettra sans doute d'augmenter le nombre de fondateurs, de leur fournir de meilleurs outils, plus d'argent, et une meilleure éducation. Mais tant que l'on ne saura pas vraiment comment enseigner la créativité, le succès sera toujours limité. Tout le monde n'est pas artiste, après tout. » Je cite Steve Blank[4] à nouveau.

Le difficile processus d'innovation

« Les choses difficiles sont difficiles car il n'y a pas de réponses ou de recettes faciles. Elles sont difficiles parce que vos émotions sont en contradiction avec la logique. Elles sont difficiles parce que vous ne connaissez pas les réponses et vous ne pouvez pas demander de l'aide sans montrer vos faiblesses. Lorsque je suis devenu PDG, j'ai vraiment pensé que j'étais le seul en difculté. Chaque fois que je parlais à d'autres chefs d'entreprise, ils semblaient tous avoir tout sous contrôle. Leur entreprise allait toujours 'fantastiquement' bien et leur expérience était forcément 'formidable'. Mais comme j'ai vu ces entreprises fantastiques, formidables, faire faillite l'une après l'autre et vendues pour une bouchée de pain, j'ai réalisé que je n'étais probablement pas le seul en difficulté » nous dit Ben Horowitz[5], et d'ajouter : « acceptez votre étrangeté, votre passé, votre instinct. Si les clés ne s'y trouvent pas, c'est qu'elles n'existent pas. »

Et pire encore[6] : « déterminer le bon produit est le travail de l'innovateur, pas le travail du client. Le client ne sait ce qu'il pense qu'il veut qu'en fonction de son expérience avec le produit actuel. L'innovateur peut prendre en compte tout ce qui est possible, mais doit souvent aller à l'encontre de ce qu'il sait être vrai. En conséquence, l'innovation nécessite une combinaison de connaissances, de compétences et de courage. Parfois, seul le fondateur a le courage d'ignorer les données. »

Mais la difficulté de l'innovation ne tient pas seulement à la nature des start-up. Voici ce qu'en dit Eric Schmidt[7], ancien PDG de Google : « il y a quelques années, un grand cabinet de conseil a publié un rapport recommandant à toutes les entreprises de nommer un directeur de l'innovation. Pourquoi ? Prétendument pour établir une 'uniformité de commandement' sur tous les programmes d'innovation. Nous ne savons pas ce que cela signifie, mais nous sommes pratiquement sûrs que les termes 'uniformité de commandement' et 'innovation' n'appartiennent pas à la même phrase (à part celle que vous lisez actuellement). L'innovation résiste obstinément aux tactiques de gestion traditionnelles de style MBA. Contrairement à la plupart des autres choses dans les affaires, elle ne peut pas être détenue, mandatée ou prévue. On ne doit pas dire quoi faire aux gens innovants, ils doivent être autorisés à le faire. »

Vous devez le faire vous-même

Pas de meilleure référence sur le sujet que Larry Page[8] : « nous étions de vrais experts. Nous savions exactement ce qui se passait et vous faites cela à peu de frais. C'est juste votre travail. » L'expérience est payante. Alors ne sous-traitez pas. Ne croyez pas que l'expertise se trouve si aisément.

Et bien sûr c'est un travail à plein temps, et même plus encore. Cela devient une obsession.

Mais encore une fois, ne soyez pas dupe. (Re)lisez par exemple Paul Graham[9] : « le deuxième point paradoxal, cela pourrait être un peu une déception, mais ce dont vous avez besoin pour réussir dans une start-up n'est pas une expertise en start-up, ce dont vous avez besoin est d'une expertise sur vos utilisateurs. Mark Zuckerberg n'a pas réussi Facebook parce qu'il était un expert en start-up, il a réussi en dépit d'être un vrai bizut au début; je veux dire que par exemple Facebook a été incorporé comme une LLC en Floride. Même vous en savez plus que cela. Il a réussi tout en étant un incompétent complet sur le sujet parce qu'il comprenait très bien ses utilisateurs. La plupart d'entre vous ne connaissent pas les mécanismes pour lever des fonds ? Si vous vous sentez mal à ce sujet, ne le soyez pas, parce que je peux vous dire que Mark Zuckerberg ne connaissait probablement pas la mécanique de levée de fonds. En fait, je m'inquiète car ce n'est pas seulement inutile d'apprendre en détail la mécanique de démarrage d'une start-up, mais peut-être un peu dangereux : une autre erreur caractéristique des jeunes fondateurs est de passer à travers toutes les étapes du lancement d'une start-up. Ils arrivent avec une idée plausible, ils lèvent des fonds pour obtenir une belle valorisation, puis la prochaine étape consiste à louer un bureau agréable à SoMa et embaucher un tas de leurs amis, jusqu'à ce qu'ils réalisent peu à peu à quel point ils se sont fait baiser parce qu'en suivant toutes les étapes du lancement, ils ont négligé la seule chose qui est en fait essentielle, qui est de faire quelque chose que les gens veulent. »

Ne pas mentir (à soi-même)

« Souvent, quand je recevais de mauvaises nouvelles, j'avais tendance à les ignorer et à les oublier le plus rapidement possible pour me concentrer sur des choses plus positives. Pire encore, je ne les partageais pas avec les autres en pensant que mon rôle en tant que leader était de donner une impression positive de l'entreprise. Bien sûr, cela signifiait qu'aucune mesure n'était prise contre ces mauvaises nouvelles. Pas surprenant, si je ne faisais pas face et si ceux qui avaient peut-être la solution ne connaissaient pas le problème … pour moi la chose la plus difficile était de ne pas me mentir à moi-même, » nous dit Arnaud Bertrand[10].

Le sujet de la transparence est récurrent et l'enfer étant pavé des meilleures intentions, la transparence absolue conduit sans doute à la catastrophe. Je crois pourtant utile, essentiel de le répéter : la confiance est un élément primordial. À chacun de décider du niveau de transparence nécessaire.

L'importance des modèles

Il y a une photographie que j'aime beaucoup, celle d'un homme assez âgé, souriant, proche d'un jeune homme moustachu. On sent la confiance et un regard quasi-paternel. Le mentor est Robert Noyce, le jeune homme Steve Jobs. L'histoire est aussi peu connue que l'image[11]. Robert Noyce, fondateur de Fairchild et d'Intel, fut un mentor tout à fait exceptionnel, toujours disponible pour le fondateur d'Apple.

Permettez-moi maintenant de citer Don Valentine[12], grande figure du capital-risque des années 70 et 80 : « il y a seulement deux véritables visionnaires dans l'histoire de la Silicon Valley. Jobs et Noyce. Leur vision était de construire de grandes entreprises ... Steve avait vingt ans, aucun diplôme, certaines personnes disaient qu'il ne se lavait pas, et il ressemblait à Hô Chi Minh. Mais c'était une personnalité brillante, et c'est un homme brillant maintenant ... Succès phénoménal de la jeunesse ... Bob était une de ces personnes qui pouvait prendre du recul parce qu'il était excessivement rationnel. Steve ne le pouvait pas. Il était très, très passionné, très compétitif. » Aujourd'hui, je pense que la Silicon Valley a un troisième visionnaire et 'role model', Elon Musk, mais cela nécessiterait un autre livre pour l'expliquer.

Peu importe le terme choisi pour traduire le 'role model' américain - modèle, exemple, référence, icône, héros, figure tutélaire - rares sont les créateurs qui n'ont pas eu, consciemment ou même inconsciemment parfois, de tels modèles.

Un autre grand personnage de la Silicon Valley, Thomas Perkins[13], explique l'importance des modèles : « tout le monde dans la Silicon Valley connaît quelqu'un qui a très bien réussi dans une start-up; et des gens se disent : 'je suis plus intelligent que lui. S'il a pu faire des millions, je peux faire un milliard'. Donc, ils se lancent et ils pensent qu'ils vont réussir et en pensant qu'ils vont réussir, ils ont une bonne chance d'y parvenir. Cette psychologie-là n'existe pas souvent ailleurs. »

Ne pas célébrer l'échec

Autre paradoxe très bien exprimé par le fondateur de Zendesk[14] : « dans la Silicon Valley, il y a beaucoup de discussions à propos de l'échec - là-bas on y célèbre presque l'échec. Les gens récitent des mantras sur le 'échouer vite' (fail fast), et les gens qui réussissent sont toujours prêts à vous dire ce qu'ils ont appris de leurs échecs, affirmant qu'ils ne seraient pas là où ils sont aujourd'hui sans leurs précédents et spectaculaires ratages. Pour moi, ayant connu la déception qui vient avec l'échec, tout cet engouement est un peu bizarre. La vérité est, d'après mon expérience, que l'échec est une chose terrible ... Bien sûr, vous apprenez de ces épreuves, mais il n'y a rien de positif dans l'échec qui vous a conduit là. J'ai appris qu'il y a une distinction importante entre promouvoir une culture qui permet de ne pas avoir peur de faire des erreurs et d'admettre une culture qui dit que l'échec est une bonne chose. L'échec n'est pas quelque chose dont on puisse être fier. Mais l'échec est quelque chose à partir duquel vous pouvez repartir. »

Vous n'avez rien à perdre

Il m'aurait été impossible de parler de culture d'innovation sans citer Steve Jobs. Voici un passage de l'extraordinaire discours[15] qu'il a donné lors de la cérémonie de remise des diplômes de l'université de Stanford en 2005 : « ne jamais oublier que je vais mourir bientôt est le moyen le plus important que j'aie jamais utilisé pour m'aider à faire les grands choix de mon existence. Parce que presque tout, les espérances, la fierté, la crainte de la honte ou de l'échec, ces choses s'évanouissent face à la mort, ne laissant vivace que ce qui compte vraiment. Ne pas oublier que l'on va mourir est le meilleur moyen que je connaisse d'éviter le piège de penser que l'on a quelque chose à perdre. Vous êtes déjà à nu. Il n'y a aucune raison de ne pas suivre les aspirations de son cœur ... Votre temps est compté, alors ne le gaspillez pas à vivre la vie d'autrui. Ne restez pas prisonnier des dogmes, c'est-à-dire du résultat des pensées d'autrui. Ne laissez pas le bruit des opinions assourdir votre propre voix intérieure. Et plus important encore, ayez le courage de suivre votre cœur et votre intuition. Ils savent quelque part déjà ce que vous voulez vraiment devenir. Tout le reste est secondaire. »

Un modèle pour les Européens

Je tiens à conclure ce bref essai, mélange de mise en garde et d'espoir, par la citation d'un entrepreneur suisse et européen, Daniel Borel[16], co-fondateur de Logitech : « la seule réponse que je puisse avancer, c'est la différence culturelle entre les États-Unis et la Suisse. Lorsque nous avons créé Logitech, en tant qu'entrepreneurs suisses, nous avons dû jouer très tôt la carte de l'internationalisation. La technologie était suisse, mais les États-Unis, et plus tard le monde, ont défini notre marché, alors que la production est vite devenue asiatique. Je m'en voudrais de faire un schéma définitif parce que je pense que beaucoup de choses évoluent et que beaucoup de choses bien se font en Suisse. Mais il me semble qu'aux États-Unis, les gens sont davantage ouverts. Lorsque vous obtenez les fonds de venture capitalists, automatiquement vous acceptez un actionnaire extérieur qui va vous aider à diriger votre société, et peut-être vous mettre à la porte. En Suisse, cette vision est assez peu acceptée : on préfère un petit gâteau que l'on contrôle complètement qu'un gros gâteau que l'on contrôle seulement à 10% ce qui peut être un facteur limitatif. »

Vous m'avez compris. L'innovation est une culture. Ce n'est pas tant l'expérience, l'expertise qui comptent que l'attitude, l'état d'esprit, le courage, la confiance, l'énergie, l'enthousiasme. En définitive, en citant le philosophe, rien de grand ne s'est accompli dans le monde sans passion.

Post-scriptum : depuis 2007, je tiens un blog, www.startup-book.com en français et en anglais. Après avoir parcouru ses quelques 450 articles, je n'ai pas ressenti le besoin de faire plus long ici, même si je crois y avoir abordé des sujets importants comme le partage d'equity entre fondateurs ou ce que demandent les universités en contrepartie à des licences de propriété intellectuelle. J'aurais aussi pu citer d'autres contributions très importantes sur l'innovation telles que celle de Nicolas Colin[17] appelant à la nécessité de la rébellion ou celle de Peter Thiel[18], qui décrit la singularité de la création. Les centaines de pages de ce blog ne sont donc sans doute pas inutiles pour autant et si cet essai vous a intéressé, je vous invite à le visiter.

[1] L'histoire de Fairchild. fr.wikipedia.org/wiki/Fairchild_Semiconductor

[2] In the Plex. Steven Levy. Simon & Schuster, 2011. Pages 121-122.

[3] Arnaud Bertrand sur www.hottopics.ht/stories/how-to/3-things-all-first-time-entrepreneurs-should-know

[4] Une interview avec Steve Blank. www.arcticstartup.com/article/interview-with-steve-blank

[5] The Hard Thing About Hard Things: Building a Business When There Are No Easy Answers. Ben Horowitz. HarperBusiness, 2014. Page 275.

[6] Idem. Page 50.

[7] How Google Works. Eric Schmidt & Jonathan Rosenberg. Grand Central Publishing, 2014. Page 209.

[8] Larry Page parle à Stanford en 2002. ecorner.stanford.edu/videos/1076/Tips-for-the-Entrepreneur

[9] Paul Graham dans How to Start a Startup. startupclass.samaltman.com/courses/lec03

[10] Arnaud Bertrand à nouveau.

[11] The Man Behind the Microchip. Leslie Berlin. Oxford University Press, 2005.

[12] Interview avec Don Valentine, 2004. silicongenesis.stanford.edu/transcripts/valentine.htm

[13] Venture Voice - Tom Perkins of Kleiner Perkins, 2007. venturevoice.com/2007/12/vv_show_47_tom_perkins_of_klei.html

[14] Startupland: How Three Guys Risked Everything to Turn an Idea into a Global Business. Mikkel Svane. Jossey-Bass, 2014. Page 15.

[15] Steve Jobs à Stanford en 2005. news.stanford.edu/news/2005/june15/jobs-061505.html

[16] Daniel Borel en novembre 2009. www.largeur.com/?p=3016

[17] Qu'est-ce qu'un écosystème entrepreneurial ? medium.com/welcome-to-thefamily/qu-est-ce-qu-un-écosystème-entrepreneurial-86e7644147f3

[18] Zero to One. Peter Thiel. Crown Business, 2014.

Europe,
réveille-toi !

Voici un court texte que j'avais écrit en 2012, et mon ami Will de Finlande m'avait fait des commentaires que j'ai ajoutés avant de le publier sur mon blog en 2014. Je l'ai relu en connexion avec l'essai qui précède et j'ai pensé qu'il pourrait être intéressant de le publier à nouveau.

Intel, Apple, Microsoft, Oracle, Genentech, Cisco, Google, Facebook, Skype, Tesla. Vous connaissez sans doute ces entreprises. Elles ont été à l'origine d'innovations majeures pour nos sociétés. Peut-être connaissez-vous moins Niklas Zennström et Janus Friis, Mark Zuckerberg et Dustin Moskovitz, Larry Page et Sergey Brin, Leonard Bosack et Sandy Lerner, Bob Swanson et Herb Boyer, Larry Ellison mais bien mieux Bill Gates et Paul Allen, Steve Jobs et Stephen Wozniak, Bob Noyce et Gordon Moore ou encore Elon Musk. Ce sont des entrepreneurs, les fondateurs de ces entreprises qui furent toutes des start-up. L'Europe ne semble pas avoir compris l'importance de l'innovation high-tech produite par ces jeunes entrepreneurs. Skype est l'exception dans la liste et les Américains ont su produire des centaines de tels succès. Pourquoi avons-nous échoué et que pouvons-nous faire pour changer le cours de l'histoire ?

L'innovation est une culture, où l'essai et l'incertitude ont une grande part. L'échec aussi malheureusement ou peut-être heureusement. Comme dans la vie ! La culture européenne dans toute sa diversité a apporté un bien-être à ses citoyens depuis la fin de la seconde guerre mondiale. Ce confort sera peut-être cause de sa perte. Une culture ne peut vivre que de créativité et de renouveau. Comme l'a bien illustré un article de The Economist[1], nous les Européens n'arrivons plus à innover, nos entreprises vieillissent dans l'innovation technologique telles Nokia ou Alcatel et nous ne créons plus de nouvelles innovations.

Les causes sont sans doute multiples, mais la peur d'essayer est la plus grave. Et je ne suis pas sûr que nous en ayons conscience. Sont-ils si nombreux les Européens qui ont compris que l'innovation passe par l'entrepreneuriat ? Je crains que nous préférions avoir des enfants bien éduqués pour entrer dans les grandes entreprises établies que des individus créatifs prêts à tenter leur chance. Pire encore, quels modèles pourraient-ils avoir ?

Dans ce lieu unique qu'est la Silicon Valley, des milliers d'entrepreneurs essaient chaque année. « La différence est question de psychologie : tout le monde dans la Silicon Valley connait quelqu'un qui a très bien réussi dans une start-up. Alors ils se disent : 'je ne suis pas plus idiot que lui et il a fait des millions, alors je dois pouvoir faire un milliard'. Du coup, ils essayent et en pensant qu'ils peuvent réussir, ils augmentent leurs chances de succès. Cette psychologie-là n'existe pas souvent ailleurs, » a écrit Tom Perkins, célèbre investisseur de cette région.

L'Europe n'est pas tout à fait inconsciente du problème. L'année 2000 fut l'occasion pour l'Union Européenne de déclarer à Lisbonne son objectif de devenir d'ici à 2010 « l'économie basée sur la connaissance la plus compétitive du monde ». Échec total. Une multitude de mécanismes de soutien fut mise en place, mais les Européens semblent avoir oublié que l'innovation est avant tout histoire d'aventuriers, de pionniers. Les entrepreneurs sont des passionnés. « Fonder une start-up n'est pas un acte rationnel. Le succès ne vient qu'à ceux qui osent et qui sont assez fous pour penser de manière déraisonnable. Les entrepreneurs doivent sortir du cadre, des conventions et des contraintes habituelles pour atteindre l'extraordinaire, » nous dit Vinod Khosla, autre icône de la Silicon Valley. Une start-up est un bébé dont les fondateurs sont les parents. Pas très étonnant qu'ils se lancent souvent en couple tant l'aventure va être difficile. Ils sont souvent migrants. Sans doute parce que les migrants n'ont pas les connexions qu'il faut là où ils sont. La moitié des entrepreneurs de la Silicon Valley ne sont pas américains. Pourquoi avons-nous peur de cette richesse en Europe ?

La Silicon Valley est une culture ouverte où même des concurrents comme Apple, Google ou

Facebook se parlent et coopèrent. Ils sont souvent jeunes. Ce n'est pas une nécessité, mais la jeunesse (ou l'inconscience) bride souvent moins la créativité. Ils travaillent aussi avec passion sur leur innovation, augmentant encore la probabilité de succès. C'est cela la vraie « open innovation », pas celle qui est décrétée d'en haut. La Silicon Valley est un endroit unique aux États Unis, que personne n'a jamais pu copier. Et pourtant chaque état, chaque région d'Europe essaie désespérément de créer la sienne ! Unissons nos efforts. En ne cherchant plus à créer le Graal du cluster technologique européen et en coopérant à distance une fois pour toutes. Mais nos égoïsmes sont encore trop grands pour céder à une telle vision. Au moins travaillons ensemble sans gaspillage inutile !

Dans un discours[2] récent, Risto Siilasmaa, le jeune président de Nokia, a appelé à une réaction similaire et a ajouté que « l'entrepreneuriat est un état d'esprit, ce qui implique le pragmatisme, l'ambition, des rêves, la persévérance, l'optimisme et une culture du renoncement pour mieux recommencer ». Sans une grande ambition, ce n'est pas la peine d'essayer. Une priorité est de se concentrer sur le développement d'une infrastructure où les entrepreneurs qui prennent des risques peuvent prospérer. Les entrepreneurs ne peuvent pas réussir seuls. Ils ont d'abord besoin d'investisseurs qui leur permettront de se lancer dans l'aventure. L'Amérique a su créer l'outil idéal qu'est le capital-risque : d'anciens entrepreneurs sont devenus les soutiens des nouveaux en devenant des financiers d'un type particulier, des financiers qui aident[3].

Ils ont ensuite besoin de managers qui connaissent cette culture des start-up. Il ne suffit pas d'avoir la compétence apportée par des années passées dans les grands groupes, elle peut parfois même être dangereuse si la culture de l'innovation ne l'accompagne pas. Il faut aussi des employés ayant eux aussi digéré cette culture, des employés qui seront intéressés par des mécanismes de stock-options. J'ai bien dit stock-option, ce mot devenu gros à force d'engraisser ceux qui ne le méritaient pas. Les stock-options devraient aller à ceux qui essaient. Sans doute faudra-t-il aussi la flexibilité de l'emploi pour les start-up tant celles-ci doivent faire face à des incertitudes et des cycles rapides. Mais il ne faudrait pas croire que l'absence de ces mécanismes soit à l'origine de nos échecs. C'est l'absence de cette culture d'innovation qui nous blesse. N'ayons pas peur de l'échec. L'échec est la mère du succès, disent les Chinois. Croyez-vous qu'un enfant tienne sur sa bicyclette au premier essai ?

L'échec fera toujours partie de l'innovation. C'est la raison pour laquelle il faut une masse critique, dans un seul lieu ou non. Et l'échec ne devra pas être stigmatisé. Je crois qu'il faut aller voir cette culture de la Silicon Valley, y passer du temps pour comprendre. Des semaines ou des mois. Sans craindre que nos enfants ne reviennent pas. Il vaut mieux essayer là-bas que de ne rien faire ici. Et au pire ils reviendront nous apprendre ! Nous devons aussi développer les échanges d'entrepreneurs entre régions d'Europe, comme nous l'avons très bien fait pour nos étudiants.

On pourra me reprocher d'être trop fasciné par la culture américaine et par l'innovation technologique. L'Europe a une autre manière de faire, me dit-on. Elle innove avec ses grands groupes comme Airbus ou ses PMEs allemandes ou suisses, ou dans les services. Parce que vous croyez que les États-Unis ne les ont pas ? On me dit que le capital-risque est en crise, que la Silicon Valley n'innove plus et il est vrai qu'en dehors du web, la créativité semble bien ralentie. Schumpeter, le grand économiste, avait bâti une formidable théorie, où les grandes entreprises établies meurent et sont remplacées par de nouveaux entrants quand elles n'innovent plus. Le XXIème siècle serait-il différent du précédent ? Peut-être... mais nos problèmes d'énergie, de vieillissement, de santé ne vont-ils pas nécessiter de nouvelles innovations et de nouveaux entrepreneurs ? Je le crois.

L'Europe a besoin d'une nouvelle ambition, d'un nouvel enthousiasme et nous les Européens vieillissants le devons à nos enfants, à notre jeunesse. Dès l'école primaire, laissons nos enfants exprimer leur créativité, apprenons leur que dire non est positif et qu'une carrière n'a de sens que si elle inclut passion et ambition. Ne les encourageons pas à suivre les chemins de la certitude qui sont peut-être mortifères. Steve Jobs dans un magnifique discours[4] en 2005 nous a rappelé que nous allions tous mourir un jour, et qu'avant ce jour, il fallait toujours savoir rester fou et curieux. Suivons son conseil. Aidons nos enfants !

---

[1] Les misérables - Europe not only has a euro crisis, it also has a growth crisis. That is because of its chronic failure to encourage ambitious entrepreneurs. The Economist. Juillet 2012.
www.economist.com/node/21559618
[2] Risto Siilasmaa à la conférence REE. Helsinki, 7 septembre 2012.
[3] Ne manquez pas le film SomethingVentured qui décrit à merveille et avec humour les premières années du capital risque.
www.somethingventuredthemovie.com
[4] Stay Hungry, Stay Foolish. 'You've got to find what you love.'
news.stanford.edu/news/2005/june15/jobs-061505.html